O Livro de Gêmeos

Tudo o que você precisa saber sobre este signo do zodíaco.

Rubi Astrólogas

Quem é Gêmeos?

Data: 21 de maio a 21 de junho

Dia: Quarta-feira

Cor: Azul

Elemento: Ar

Compatibilidade: Libra, Áries e Aquário

Símbolo:

Modalidade: Mutável

Polaridade: Masculino

Planeta Regente: Mercúrio

Moradia: 3

Metal: Mercúrio

Quartzo: Cristal, berilo e topázio.

Constelação: Gêmeos

O que significa Gêmeos?

A palavra Gêmeos deriva do latim gemĭni e significa "irmãos gêmeos". Em latim, Gêmeos significa literalmente "os gêmeos" (Castor e Pollux). Gêmeos simboliza a dualidade e o antagonismo do corpo e da alma. Representa também a ideia de que a vida tem a sua origem na união de dois opostos.

Mitologia

Há um mito relacionado a Gêmeos que conta que dois irmãos Castor e Pollux, filhos de Zeus, viviam unidos por uma imensa amizade. Castor era mortal e Pollux imortal. Alegres, determinados e fisicamente vitais, os dois irmãos se destacaram igualmente no campo de batalha.

O amor levou à morte de Castor, que sequestrou uma das filhas de Leucippo, por quem estava apaixonado. Assediado e assassinado pelo namorado da jovem, ele morreu na briga.

Pollux, desanimado com a morte de seu irmão, implorou a Zeus que lhe desse a vida novamente. Zeus não atendeu plenamente ao seu pedido, mas uniu os dois irmãos na constelação de Gêmeos para que ambos pudessem viver juntos pela eternidade.

Mercúrio, o planeta regente de Gêmeos

Mercúrio, o mensageiro dos deuses, é o planeta que rege Gêmeos e Virgem. É o planeta da

comunicação. A função de Mercúrio é desmontar as coisas e reconstruí-las. É um planeta sem emoções e indiscreto.

Mercúrio não apenas rege a comunicação, mas representa organização e tática. Ideias e informações sensoriais precisam ser coordenadas e organizadas. Mercúrio analisa, classifica, agrupa e dá sentido a essas ideias.

Pedras ou Quartzo para Gêmeos

A pérola é a pedra de Gêmeos. Esta pedra simboliza modéstia e amizade. A pérola está ligada a relacionamentos, tem propriedades curativas e é eficaz para problemas relacionados ao coração e estômago.

Outra pedra de Gêmeos é o Olho de Tigre. Ao usar esta pedra, as pessoas deste signo se sentirão mais estáveis mentalmente e aumentarão suas chances de atrair boa sorte.

Calcedônia é outra pedra relacionada a este signo. Esta pedra irá ajudá-lo a estruturar melhor as suas ideias e a comunicar de forma eficaz.

Aquamarine também pode ajudar as pessoas deste signo a se comunicar melhor e expressar seus sentimentos de forma mais clara e eficaz. Isso pode ser útil nas relações pessoais e profissionais.

Características Físicas de Gêmeos

Gêmeos são geralmente enxutos, muito flexíveis e ágeis. Seu rosto é muito expressivo, especialmente seus olhos.

Suas mãos são expressivas, rápidas e vivas, e seus olhos sempre brilham com inteligência e curiosidade.

O rosto de Gêmeos tem um equilíbrio simétrico. Suas feições são sempre resplandecentes com uma curiosidade radiante e alegre por suas auras inocentes. Seus lábios são polpudos e seus cabelos ondulados.

Eles também podem ter uma linha do maxilar fina e um nariz saliente.

O Corpo de Gêmeos

O sistema nervoso, o sistema respiratório, os braços e os ombros são os pontos mais sensíveis ou vulneráveis em Gêmeos. Estes órgãos são importantes, pois o ar entra através deles, e nós expelimos dióxido de carbono, que é essencial para o funcionamento do corpo. É por isso que qualquer complicação, nos pulmões ou brônquios, pode significar um problema sério para um geminiano.

Gêmeos deve estar muito atento às doenças dessas partes do corpo. Uma medida muito importante é não fumar.

A inquietação de Gêmeos faz com que eles se sintam vivos, mas o problema é que estar em um estado constante de nervosismo não é saudável, e pode levar à ansiedade, insônia e depressão.

Mulher de Gêmeos Fisicamente

As mulheres de Gêmeos geralmente estão com excelente saúde, mas às vezes se cansam porque seu cérebro está sempre trabalhando até o ponto de exaustão.

As mulheres de Gêmeos ficam lindas. Eles são magros, com um rosto bonito. O seu cabelo é geralmente liso e comprido. Eles são versáteis, têm um estilo único de vestir, mudando de formal para casual com facilidade.

Eles possuem uma característica física única que é o seu tamanho. Eles são geralmente menores do que a maioria das mulheres e são magras.

O Homem de Gêmeos Fisicamente

Os homens de Gêmeos são populares por terem personalidades divididas, essa dualidade se reflete em suas tomadas de decisão. Às vezes são sociáveis e outras vezes se concentram intensamente em seu parceiro. Eles adoram roupeiros elegantes. Uma das características que detalham um homem de Gêmeos é sua capacidade de comunicação. Gêmeos são muito sociáveis e hábeis com palavras, o que os torna falantes muito atraentes.

Traços físicos de Gêmeos

Cabeça de Gêmeos

A cabeça de Gêmeos se destaca por ter uma testa alta e larga. O queixo geralmente será bem proporcionado, enquanto a linha do maxilar é muitas vezes pontiaguda.

Gêmeos Cabelo

O cabelo de Gêmeos geralmente tem uma construção fina e pode ser castanho claro a escuro. No entanto, eles muitas vezes têm uma tendência a ser cinza em uma idade precoce. No caso dos homens, eles também têm tendência à alopecia.

Os Olhos de Gêmeos

Eles têm olhos castanhos, azuis, verdes ou cinzentos, que se movem continuamente para frente e para trás. Seu olhar é cativante. Gêmeos nunca deixa os olhos no mesmo objeto por mais de cinco segundos. A velocidade com que movem os olhos é a maneira mais fácil de reconhecê-los.

O nariz de Gêmeos

O nariz de Gêmeos é tipicamente diferente. Eles provavelmente têm um nariz bem formado, seja ele longo e diagonal, ou pequeno e arredondado na ponta. Normalmente, o nariz é pontiagudo.

Os lábios de Gêmeos

Os lábios de Gêmeos são genéricos e estão em equilíbrio. Eles não são muito excelentes, ou muito pequenos. No entanto, o lábio superior pode ser reto e mais fino na aparência.

A Face de Gêmeos

O rosto pode ter um recuo no queixo ou nariz. Muitos têm características finas e suaves. Eles tendem a ter tez pálida, embora geralmente se bronzeiem facilmente.

Zonas Sensíveis a Gêmeos

Gêmeos são muito curiosos e gostam de experimentar coisas novas com seu parceiro, por isso é importante mantê-los interessados antes de ficarem entediados.

A sedução é fundamental para este signo do zodíaco, por isso, se o seu parceiro é geminiano, pratique todas as carícias que antecedem o ato sexual, pois às vezes isso é mais relevante.

Acaricie o peito, tronco e braços acima de tudo, sempre seguido de palavras, já que Gêmeos é um signo que valoriza a comunicação.

Personalidade de Gêmeos

Gêmeos possui o dom da mordaça, tem muita energia mental, tem grande perceção de tudo ao seu redor. É por isso que são tão bons comunicadores, algo de que podem tirar muito se aprenderem a aplicá-lo, tanto no seu dia-a-dia como para projetos gerais.

Gêmeos em Relacionamentos. Geral

Gêmeos em Relacionamentos

Gêmeos são aventureiros, curiosos e gostam de novidade e emoção em seus relacionamentos. Eles são alegres, amigáveis e sociáveis, e gostam de manter o romance e a faísca em sua vida amorosa.

Quando um geminiano se apaixona, ele expressa seus sentimentos e quer falar sobre o quanto gosta do parceiro. Você também pode querer apresentar seu parceiro a todos os seus amigos e eles podem querer ser vistos juntos em público.

Gêmeos são afetuosos, mas se entediam facilmente e podem perder rapidamente o interesse pelo relacionamento. Como um sinal de ar, eles precisam de atenção de seu parceiro e gostam de detalhes constantes.

Gêmeos são populares por terem o dom da mordaça com a qual podem convencer qualquer um. Este atributo não só lhes servirá para persuadir e manipular, mas é a sua força e ajuda-os nas suas relações pessoais.

Gêmeos são curiosos e emocionais, e estão constantemente ansiosos para aprender mais sobre seu parceiro.

Gêmeos como pais

Pai Gêmeos traz um senso de diversão e humor para sua casa. Eles adoram desafiar mentalmente sua família, por isso muitas vezes podem ser encontrados com seus filhos brincando.

A conversa e o debate são uma grande parte da sua vida familiar. Ela adora ler para seus filhos, levá-los ao cinema ou assistir a programas de TV juntos para falar sobre isso mais tarde. Eles valorizam uma mente afiada e criam seus filhos para serem engenhosos, curiosos e teimosos.

Os seus filhos vão adorar a sua mente divertida e em movimento. Seus gostos mudam com frequência e é provável que eles achem isso empolgante.

Certifique-se de dar-lhes consistência. Para que as crianças se sintam, elas precisam de partes do dia com as quais possam contar, como jantares em família e rotina na hora de dormir.

Gêmeos como Filhos

Ele é a criança mais interessante do Zodíaco. Quando começa a falar, já acumula uma série interminável de impressões, e palavras, e mostra-o imediatamente. Fala consigo mesmo e com os outros, e a palavra é o seu amigo inseparável, a quem prefere à companhia de outras crianças da sua idade.

Os seus jogos são quase sempre solitários, dificilmente se satisfaz com uma resposta e quer sempre investigar até não ter dúvidas. Depois, abandona esta por outra que lhe interessa mais. Se o jogo não tem aspetos interessantes, ele não fica teimoso e imediatamente passa para outra coisa.

Eles têm uma capacidade incrível de perceber energias e é muito importante para o seu desenvolvimento que o ambiente em que vivem seja pacífico, porque eles tendem a somatizar tensões externas. Ele é uma criança precoce, que você deve dirigir com muita cautela e sem lhe dar ordens que ele não entende.

Ele tem uma inteligência brilhante e não suporta monotonia. É muito importante direcionar os seus interesses para temas que lhe permitam desenvolver a sua criatividade.

A ordem deve ser inculcada com exemplos específicos.

As crianças de Gêmeos são muito sensíveis e histórias perturbadoras podem capturar sua imaginação e fazê-las entrar em pânico com o escuro e pesadelos. A criança de Gêmeos precisa mostrar o lado feliz das histórias infantis.

Amor e Intimidade na Vida de Gêmeos

O Homem do Signo de Gêmeos

Os homens de Gêmeos são os mais complexos do zodíaco, mas também são os que têm maior alcance em suas ambições.

O signo dos gêmeos sabe que uma vida não é suficiente para realizar tudo o que se sonha, e é por isso que eles decidem ser múltiplos, diversos, querem esgotar todas as experiências que a vida coloca ao seu alcance, beber todo o suco da vida, e é por isso que ousam ser mais de uma pessoa ao mesmo tempo.

Não é fácil conviver com um geminiano, pois são pessoas com personalidades divididas. Sabem viver ao mesmo tempo o masculino e o feminino, o carnal e o espiritual, o eterno e o contíguo.

Eles decidem pela melhor dessas duas vozes que todos ouvimos no momento de tomar uma decisão. Por vezes são maquiavélicos, criam o seu próprio código moral e nem sempre é fácil compreender a essência das suas decisões.

Não agem de coração, mas por conveniência.

Não é fácil amar um homem de Gêmeos, não são pessoas que se entregam facilmente. É preciso fazer um esforço e ser paciente. Gêmeos é um espectador da vida, observa em vez de se deixar levar pelas paixões.

Quando decidem ter uma família, os geminianos provam ser pais amorosos e sinceros. Eles não se sentem como infidelidade ou outras aventuras depois de se acomodarem.

São extraordinariamente trabalhadores, trabalhadores e determinados, e a sua capacidade analítica impede-os de dar um passo em falso.

Gêmeos detesta a solidão.

A Mulher do Signo de Gêmeos

Para amar uma mulher de Gêmeos você tem que ser paciente, porque com ela estamos diante de um dos signos mais misteriosos. Esta mulher tem uma alma intensa e uma personalidade cheia de complicações.

Não é fácil alcançar o seu coração, nem permanecer nele. É mais fácil perder-se pelo caminho. Conhecer um geminiano é um acontecimento e tanto.

As mulheres de Gêmeos são complicadas. Têm dentro de si várias personalidades, por isso vivem numa única vida várias experiências.

Esse apetite por experiências torna as mulheres de Gêmeos pessoas não confiáveis. O melhor a fazer é encher as suas vidas de surpresas e desafios para não cair numa rotina ou vão escapar sem se despedirem, porque para eles a estagnação é pior do que morrer.

São trabalhadores e criativos, não devem ser colocados para realizar atividades rotineiras, pois na medida em que perdem o interesse perdem a capacidade produtiva.

Gêmeos nem sempre priorizam a formação de uma família ou casamento, pois são mulheres independentes, que não têm medo de ser mães solteiras ou se sustentar. Não têm medo da solidão.

Para um geminiano, um relacionamento só é completo se o parceiro for tão intenso e ousado quanto ele. Doçura e promessas não cumpridas não valem a pena.

Cenários sexuais para Gêmeos

Gêmeos adora sexo, para ele é outra forma de comunicação. Gêmeos tem um forte apetite sexual e, para ativá-lo, bastam alguns comentários sutis.

Quando se trata de conversa suja, Gêmeos escreveu um dicionário, para que você possa ativá-los explicando textualmente o que você gosta de fazer na cama. Desta forma ele vai sentir e analisar ao mesmo tempo, uma combinação que para ele é orgástica.

Gêmeos têm gostos sexuais esquivos. Para eles, o sexo é uma experiência onde corpo e mente se unem perfeitamente. Gostam de brilhar na cama e nem sempre fazem a coisa rotineira.

Gêmeos adoram variedade e diversão na cama. É bastante estimulante e deixam-se levar pelos prazeres do corpo, adoram beijos apaixonados.

Gêmeos gostam de ouvir frases emocionantes enquanto estão em seus encontros íntimos. Sua fantasia sexual envolve ouvir conversas emocionantes na hora do amor, algumas ousadas demais que você não diria fora desses momentos apaixonados.

A maneira de Gêmeos fazer amor é variada, enérgica e criativa. Eles são curiosos sobre todos os tipos de expressão sexual, eles geralmente estão dispostos a fazer qualquer coisa e sempre tentar algo novo.

Para Gêmeos, o sexo engloba os aspetos físicos, emocionais e sensuais, por isso desempenha um papel importante dentro de seus relacionamentos.

Gêmeos com Áries no Sexo

Este casal enérgico torna-os bons amigos e amantes. Ambos apreciam o humor um do outro e partilham a preferência por uma vida social ativa. Haverá travessuras no quarto, porque ambos ficarão animados com o sexo. Um combo tão quente que eles se esgotam sexualmente.

Gêmeos adora falar, enquanto Áries adora ação, mas a combinação desses traços faz com que o ato sexual se funda com a mente. Esta é uma área onde Áries se sente confortável com alguém dando as cartas.

Uma das coisas que Gêmeos Áries mais gosta é sua natureza falante. Este é um encontro divertido e casual, com ambos os signos ansiosos para superar o outro em paixão. Aqui, a faísca é mantida viva pela imaginação de Gêmeos e pela capacidade de Áries de manter a ação. Ambos anseiam por novas experiências, por isso vão ficar animados.

Gêmeos com Touro no Sexo

Lentos e constantes, frívolos e frenéticos, estes são bons companheiros na cama.

Gêmeos é muito curioso sobre Touro, e Touro desperta sentimentos profundos e complicados em Gêmeos. Touro tem suas próprias inseguranças e vê Gêmeos como alguém que está muito confortável com a mudança e a comunicação. Gêmeos sempre anseia por estímulo intelectual.

Uma maneira de chegar ao coração de Touro é através do estômago, mas o coração de Gêmeos é alcançado através do cérebro. Ambos os signos deixam de lado suas inseguranças e se relacionam apesar de seus medos. Ambos adoram a busca do prazer e gostam de fazer coisas que exigem cumplicidade intelectual e emocional.

Gêmeos com Gêmeos em Sexo

Eles têm muito em comum, além do amor pela comunicação, ambos estão procurando a mesma coisa. O sexo entre dois geminianos é um turbilhão de paixão e conexão.

Este casal não ficará entediado e não haverá espaço para a monotonia, pois gostam de experimentar coisas novas. Ambos são muito inovadores e vão gerar novas ideias na relação que os ajudarão positivamente.

Algo que pode machucá-lo é que ambos gostam de paquerar, e isso pode comprometer o relacionamento. Apesar de não serem muito ciumentos, são possessivos e se virem algum detalhe de que não gostem, podem ficar zangados.

Gêmeos adoram se comunicar, podem passar horas conversando e contando coisas para o parceiro. Ainda assim, eles devem aprender a falar sobre temas tabus, aprender a ouvir seu parceiro e fazer um esforço para fazê-lo se sentir seguro.

Gêmeos com câncer no sexo

O cancro é muito pegajoso e tem tudo a ver com compromisso. Gêmeos tem tudo a ver com expandir horizontes.

Essa relação pode funcionar porque ambos os signos precisam de seu espaço e independência, e ambos anseiam por variedade. Eles compartilham um senso de humor, o que certamente ajuda a construir seu relacionamento.

Gêmeos e Câncer são criaturas sencientes. O cancro expressa os sentimentos de uma forma óbvia e emocional.

Na cama, o curioso Gêmeos e o carinhoso Câncer se excitam explorando seus desejos ocultos.

Gêmeos com Leão no Sexo

O sexo será brilhante, pois ambos gostam de levar o outro a novos patamares de satisfação sexual.

Leo acha que Gêmeos é uma das pessoas mais incríveis que já conheceu, e Leo, de fato, precisa de um parceiro que possa viver de acordo com seus padrões. Gêmeos encontra em Leão alguém com quem eles podem realmente se conectar intelectualmente, que é realmente o que eles estão procurando. Gêmeos excita especialmente Leão quando ele mostra como lógica e razoavelmente ele pode abordar uma situação.

O quarto estará cheio de emoção, haverá longas noites, ambos acordados, conversando e compartilhando seus corações e mentes.

Gêmeos com Virgem no Sexo

Eles serão aliados incríveis, ambos são regidos pelo planeta Mercúrio, o que significa que eles poderão explorar suas curiosidades. Gêmeos é uma pessoa que Virgem admira, alguém que os inspira criativamente, e Gêmeos permite que Virgem explore seu lado inventivo.

Sua energia na cama é uma mistura da abordagem lasciva e realista de Virgem para realizar o amor e a paixão elétrica de Gêmeos. Esta é uma aventura muito quente, e uma situação de amigos com benefícios pode funcionar, desde que mantenham um diálogo aberto sobre seus sentimentos e limites.

Gêmeos precisa de um parceiro de mente aberta e espírito livre, por isso Virgem precisa ter cuidado para não julgar com muita frequência.

Gêmeos com Libra no Sexo

Ambos são sinais de ar e isso faz uma ótima combinação na cama. A abordagem de Libra para fazer amor é o complemento perfeito para Gêmeos para conversas lascivas.

Gêmeos encontra inspiração criativa através de Libra, mas Libra está profundamente animado com a mente de Gêmeos e adora ouvir suas histórias. Libra definitivamente inflama Gêmeos.

Gêmeos, que é tão visual, vai adorar a presença sexy de Libra no quarto.

Gêmeos com Escorpião no Sexo

Suas mentes não serão as únicas coisas explodindo nessa conexão amorosa explosiva. A visão quente de Escorpião se encaixa bem com a atitude de Gêmeos de que vale tudo.

Um cenário de amigos com benefícios ou um stand de uma noite serão intensos, mas eles têm maneiras diferentes de retribuir, então eles precisam ser pacientes uns com os outros enquanto descobrem a melhor maneira de se comunicar uns com os outros. Na cama, a energia será espetacular e apaixonante.

Gêmeos com Sagitário no Sexo

Ambos os signos adoram conversar, mas quando chegam à cama a atividade oral termina.

Eles são curiosos e inteligentes e adoram se conectar com paixão. Sua energia sexual é excitante e elétrica. Se você decidir manter seu relacionamento como um caso, é provável que você se conecte com frequência ao longo dos anos, mas se quiser se comprometer, será capaz de, mesmo à distância, manter o relacionamento.

Gêmeos com Capricórnio no Sexo

Sexo é um jogo para Gêmeos, enquanto para Capricórnio é tudo trabalho e sem jogos.

No quarto, a sensualidade realista de Capricórnio e a grande coleção de brinquedos sexuais excitam os geminianos curiosos. Se vocês moram juntos, Gêmeos pode ajudar Capricórnio a se manter em movimento, em vez de estar sempre sentado em sua mesa.

Gêmeos com Aquário no Sexo

Ambos são selvagens na cama. Não importa qual ato sexual Gêmeos projete, Aquário estará pronto para se envolver.

Aquário é totalmente inspirado pela criatividade de Gêmeos e sua energia no quarto será elétrica. A facilidade de comunicação entre si significa que estes dois vão divertir-se muito debaixo das cobertas.

Gêmeos com Peixes no Sexo

Seus encontros sexuais serão fabulosos e muito divertidos, Gêmeos é atraído pela imaginação e habilidades sexuais de Peixes. Enquanto isso, a abordagem lógica de Gêmeos é muito atraente para Peixes.

Os dois são versáteis no quarto. A energia romântica de Peixes misturada com a curiosidade de Gêmeos faz com que haja muita diversão entre os lençóis. Mesmo que seja apenas uma aventura, estes dois signos vão aprender muito um com o outro.

Gêmeos e Vocação

Gêmeos possui excelente agilidade mental e é muito curioso. É um signo que sabe aproveitar as oportunidades para aumentar o seu conhecimento.

Suas habilidades de comunicação e domínio de vários tópicos são sincronizadas para permitir que você se relacione facilmente nas áreas que frequenta.

A monotonia não se coaduna com este signo. Têm necessidade de estímulo intelectual e de expandir persistentemente os seus conhecimentos em várias áreas de interesse. A natureza impaciente de Gêmeos exige mudanças constantes. Caso contrário, o seu espírito é desencorajado e destruído.

Melhores Profissões

Gêmeos são pessoas multifacetadas. É o signo mais afável, simpático e comunicativo do zodíaco. Eles são mais adequados para corridas que têm interação com o público e oferecem variedade. Eles são muito versáteis, e é por isso que eles são propensos a mudar de profissão muitas vezes. Jornalismo, mídia em geral, artistas musicais ou teatrais, relações públicas, escritores e vendas.

Combinações de Números da Sorte

3 - 4 - 8 - 15 - 35

3 - 24 - 26 - 29 - 31

3 - 8 - 13 - 21 - 33

2 - 6 - 8 - 12 - 17

8 - 18 - 22 - 24 - 31

1 - 12 - 14 - 26 - 27

11 - 17 - 26 - 29 - 3

1 - 2 - 5 - 10 - 31

1 - 6 - 10 - 14 - 21

10 - 19 - 21 - 23 - 32

5 - 6 - 8 - 28 - 33

18 - 20 - 22 - 27 - 32

10 - 13 - 19 - 30 - 35

9 - 13 - 20 - 27 - 28

4 - 14 - 23 - 35 - 36

8 - 12 - 30 - 32 - 33

18 - 21 - 31 - 32 - 36

10 - 15 - 18 - 21 - 23

2 - 15 - 16 - 19 - 26

Cores da sorte

Azul. Uma das cores mais frescas é o azul. Está relacionado com honestidade, justiça e inteligência. O azul ativa seus poderes de cura, aumenta a vitalidade e tem um efeito calmante quando você está nervoso.

É benéfico para a circulação sanguínea, ativa a sua intuição e expressão artística.

O azul está associado ao elemento água, e as pessoas com um azul forte em sua aura são equilibradas. É a cor mais fresca do espectro, simbolizando fé, verdade, tranquilidade, céu e inteligência. O azul se correlaciona com a consciência. Faraós egípcios usavam azul para se proteger contra o mal.

Esta bela cor ajuda-nos a ser humildes e faz-nos avançar para a maturidade espiritual, evoluindo para um estado superior de consciência. O azul claro representa o desenvolvimento espiritual e a paz.

O azul-esverdeado, um tom de azul, representa a vontade e é passivo, autônomo, possessivo e imutável. Seus aspetos afetivos são persistência, autoafirmação e autoestima.

 O azul escuro é representativo de experiências, profundidade, conhecimento e poder.

O azul turquesa projeta uma força refrescante, fresca e imaginativa. É um símbolo da juventude. Tem um efeito sedativo. A pedra usada para representar esta cor é a água-marinha.

Com esta sombra pode reduzir o stress e o cansaço se a utilizar na decoração da sua casa, pois proporciona clareza aos espaços.

Dias de Sorte

Quarta-feira e sexta-feira

Horas de Sorte

Todas as horas do planeta Mercúrio, Vênus e Sol.

Luas da Sorte

As Luas nos signos de Gêmeos, Sagitário e Libra na fase do Primeiro Trimestre.

Sinais com os quais você não deve fazer negócios

Touro, Capricórnio e Virgem. Gêmeos acha muito difícil se relacionar com o elemento Terra. Gêmeos ama a liberdade, e os signos de terra amam a estabilidade.

Sinais aos quais deve associar-se

Áries e Libra, se Gêmeos se associar a eles seria uma excelente escolha, pois juntos podem empreender grandes negócios.

Decifrando o signo de Gêmeos

Gêmeos possui grande adaptabilidade e versatilidade, são intelectuais, eloquentes, afetuosos e inteligentes. Eles têm muita energia e vitalidade, adoram falar, ler e realizar várias tarefas.

Este é um signo que gosta do inusitado e do novo, quanto mais variedade na sua vida, melhor. O seu carácter é duplo e complexo, por vezes contraditório. Por um lado, é versátil, mas por outro pode ser desonesto.

Gêmeos é o signo dos gêmeos e, como tal, seu caráter e modo de ser são duplos. Representam contradição e mudam facilmente de opinião ou de humor. Gêmeos são muito ativos e precisam estar ocupados o tempo todo, adoram realizar várias tarefas e tentar novos desafios.

Têm a felicidade, a imaginação, a criatividade e a inquietação das crianças. Alguns iniciam novas atividades e desafios com entusiasmo, mas muitas vezes não têm a perseverança para terminá-los.

Do seu ponto de vista, a vida é um jogo e procuram diversão e novas experiências. Gêmeos é o signo mais infantil do zodíaco.

O seu bom humor e capacidade comunicativa desaparecem quando confrontados com um problema, pois tendem a desanimar nas piores circunstâncias e a deixar que os outros procurem soluções.

Gêmeos são muito inteligentes, perguntam tudo. Isso os torna mestres do debate. É um dos signos com maior QI.

Gêmeos - Áries no Amor Compatibilidade

Gêmeos e Áries é uma relação forte com todos os tipos de dinâmicas, incluindo amizade e romance. Áries e Gêmeos gostam de seus erros e apreciam o ímpeto um do outro. Com suas piadas, palavras de código e diversão, Gêmeos e Áries trazem o melhor um do outro. O perigo, no entanto, é que nem Gêmeos nem Áries são particularmente bons em chamá-la de noite.

Neste casal, é importante que um deles assuma a responsabilidade. Caso contrário, pode ser difícil para esses festeiros cultivar uma relação saudável e emocionalmente sólida.

Gêmeos - Áries Compatibilidade na Amizade

Para que eles tenham uma amizade duradoura, eles precisam fazer a sua parte. Desde o início, cada um deles fica impressionado com a personalidade do outro, e eles também percebem que compartilham hobbies.

Gêmeos tendem a ser encantadores com todos, têm muita facilidade em socializar, e essa é uma característica pela qual Áries é apaixonado. Algo que o signo de ar gosta muito é da sinceridade e lealdade que Áries exala, já que às vezes precisam ser ditas abertamente.

Esta relação pode fazer com que ambos sejam dependentes um do outro, pois precisam de conselhos e opiniões dos seus amigos, mas continuarão a agir de forma independente.

Compatibilidade Gêmeos-Áries no Trabalho

Ambos têm muita iniciativa e sabem como assumir o controle das coisas. Eles são trabalhadores árduos e colocam todo o seu esforço para garantir que tudo o que fazem corra bem. Têm uma capacidade de liderança que os leva ao sucesso total.

Áries adora liderar, e é algo que Gêmeos não suporta, pois não gosta que lhes digam o que fazer. Ainda assim, se fizerem a sua parte e confiarem uns nos outros, podem alcançar um grande sucesso. Áries está mais confiante no que faz, apesar de sua impulsividade sem pensar nos prós e contras, e Gêmeos depende da comunicação para negociar e pensa tudo antes de agir.

Gêmeos - Touro Compatibilidade no Amor

Gêmeos e Touro não é um relacionamento confortável, mas se ambos estiverem comprometidos, podem alcançar um relacionamento duradouro. Touro, com seu caráter forte, nunca tem medo de estabelecer limites. Gêmeos tem uma maneira completamente diferente de ver o mundo, então ele não entende a ávida demanda de Touro por segurança. No entanto, se puderem negociar entre a permanência e a transitoriedade, poderão educar-se mutuamente lições inestimáveis. Se Touro e Gêmeos estão dispostos a fazer mudanças substanciais para compensar as necessidades um do outro, essa relação tem o potencial de ser desafiadora e divertida.

Gêmeos - Touro Compatibilidade na Amizade

Partilham uma amizade delicada, onde aprendem sempre uns com os outros. Touro é um signo muito focado, e Gêmeos é bastante inteligente, livre e não sente apegos. Touro e Gêmeos podem se complementar e contribuir com conhecimento em longas conversas. Touro pode atuar como uma âncora para Gêmeos, o que pode ser imprevisível. Touro é atraído pela rapidez, sagacidade e inteligência de Gêmeos. Gêmeos admira a determinação de Touro e como eles são guiados por seus sentidos e emoções.

Gêmeos - Touro Compatibilidade no Trabalho

Há uma excelente compatibilidade no trabalho. Os taurinos são perseverantes em seus objetivos. Nunca desistem e conseguem tudo aquilo a que se propõem. Isso ajuda muito os geminianos, pois eles vão conseguir refletir antes de agir.

Gêmeos será quem liderará um projeto que tem em mãos e verá que a paciência de Touro é importante para realizar o objetivo.

Compatibilidade com Gêmeos - Gêmeos Apaixonados

Dois geminianos, é como uma festa em plena luz do dia. Eles se entendem profundamente e nunca se cansam. O problema com este casal é que eles podem não ter perspetiva. Para que um relacionamento quadrado em Gêmeos seja bem-sucedido a longo prazo, cada um de vocês precisa ter certeza de que aprende a ouvir. Ambos terão muitas ideias inovadoras, mas a menos que um de vocês esteja disposto a oferecer estabilidade, você corre o risco de perder o controle e matar o relacionamento.

Compatibilidade com Gêmeos - Gêmeos na Amizade

Quando dois geminianos se unem, é sinônimo de aventura, variedade e novas emoções. Ambos gostam de se divertir, viajar, organizar passeios, algo que, uma vez juntos, não conseguem parar de fazer.

Além disso, ambos oferecerão lealdade um ao outro, verão que podem ser amigos para toda a vida, que podem confiar cegamente na outra pessoa e que se ajudarão mutuamente em tudo o que precisarem. O facto de serem tão semelhantes faz com que se vejam refletidos num espelho e se compreendam perfeitamente.

Compatibilidade com Gêmeos - Gêmeos no Trabalho

É nesta área que podem surgir mais diferenças. Ainda assim, são bastante compatíveis. Quando os geminianos se reúnem, eles vão querer definir o mesmo objetivo e lutar com as mesmas ferramentas para chegar ao objetivo.

Caso um de vocês precise de ajuda, o outro não hesitará em dar uma mão, para apoiá-lo e encorajá-lo no que for necessário. Isso é algo que ambos valorizam positivamente.

Claro, eles devem estar vigilantes com ciúmes, e se um dos dois se destacar mais do que o outro, isso pode gerar inveja e não aceitará a ajuda ou ordens do outro. Mesmo assim, graças à boa comunicação que têm, saberão comunicar e explicar como se sentem, e resolverão o problema.

Gêmeos - Câncer no Amor Compatibilidade

Gêmeos e Câncer podem construir um belo relacionamento se quiserem. O câncer tem uma abordagem muito característica da vida, porque é muito sensível e intuitivo, e precisa de muito amor e validação para se sentir seguro.

A princípio, pode parecer que o Gêmeos cerebral nunca poderia oferecer esse tipo de configuração, mas Gêmeos é flexível. Se Câncer souber comunicar suas necessidades diretamente, Gêmeos se esforçará para atender às suas necessidades. As emoções profundas e a sensibilidade de Câncer também são desafiadas pelo desapego de Gêmeos. No entanto, se Gêmeos tirar a máscara, este pode ser um casal que vale a pena manter. Em última análise, embora essa relação exija um pouco de esforço e investimento, esses sinais podem construir uma conexão compassiva e divertida.

Gêmeos - Compatibilidade com Câncer na Amizade

Embora no primeiro encontro, Áries e Câncer não prestem muita atenção um ao outro e não tenham essa conexão, eles podem se tornar amigos. Embora eles não sejam melhores amigos, eles se tornarão alguém necessário para apoiar um ao outro. Eles precisam de tempo para se conhecerem, para se aprofundarem um no outro e para verem onde se encaixam.

Ambos são muito sinceros e leais, o que os unirá e eles poderão forjar uma amizade para toda a vida. Eles terão que observar como as coisas são ditas, e Câncer é muito sensível e pode machucá-lo em mais de uma ocasião.

Gêmeos - Câncer no Trabalho Compatibilidade

Áries tende a liderar e, em várias ocasiões, se sentirá superior a Câncer e os comandará. Mesmo assim, eles também admitirão que Câncer é mais organizado, mais perfeccionista, e isso ajudará a elevar sua autoestima e se sentir melhor.

Para que a relação funcione, Áries terá que tratar o câncer da maneira que gostaria de ser tratado. Câncer é muito ordenado quando se trata de trabalho, gosta de deixar todo o trabalho feito, enquanto Áries se cansa muito rapidamente e desiste antes de chegar ao fim.

Gêmeos - Leão apaixonado Compatibilidade

Gêmeos e Leão são o espírito de qualquer festa, juntos formam um casal eficaz e ativo que precisa ser notado e ouvido. Leão adora ser o centro da ação, e não há nada que seduza Gêmeos mais do que encontrar celebração. Estes dois embaixadores sociais são felizes nas reuniões, mas diferem em muitos pontos.

Leo adora brilhar diante do público, mas no final o que ele está procurando é um relacionamento honesto. Gêmeos, por outro lado, não está interessado em impressionar ninguém. Na verdade, Gêmeos se preocupa em alimentar seu ávido desejo de curiosidade.

Quando Leão quer estabelecer confiança, Gêmeos quer se divertir. Como resultado, Leão pode apreciar Gêmeos como insensível, enquanto Gêmeos pode ficar frustrado com as necessidades de Leão.

No entanto, através da comunicação, eles podem aprender a ter um relacionamento baseado na busca e na diversão.

Gêmeos - Leão Compatibilidade na Amizade

Desde o primeiro momento que perceberão que têm muitas coisas em comum. Destacando o desejo de viver aventuras e aproveitar a vida ao máximo.

Você passará horas conversando e perceberá que está no mesmo nível intelectual. Gêmeos ajudará Leão a ser mais persuasivo e se relacionar socialmente.

O leão é atraído por Gêmeos por causa de sua criatividade, e Leão apreciará os talentos de Gêmeos, algo que os cumprirá satisfatoriamente. Ambos se admiram e podem se tornar grandes amigos.

Compatibilidade com Gêmeos - Leão no Trabalho

No campo profissional, se ambos conseguirem focar no mesmo objetivo, bons resultados. Leão geralmente se concentra no planejamento, enquanto Gêmeos fornece ideias.

Gêmeos é excelente em negociar, algo que Leão tentará tirar o máximo proveito disso. Gêmeos se preocupa com dinheiro e não se importa se Leão recebe todo o crédito. Desde que ele receba o dinheiro, todo o resto não importa para ele.

Gêmeos - Virgem Compatibilidade no Amor

Gêmeos e Virgem são regidos por Mercúrio, o planeta da comunicação, por isso compartilham uma compreensão sublime e um apreço pela expressão. No entanto, apesar desta influência, estes dois signos têm formas muito diferentes de transmitir informação. Gêmeos é todo evasivo, enquanto Virgem é eminentemente acessível.

Gêmeos é perspicaz e rápido com seus pensamentos, enquanto Virgem, um analista e processador astuto, prefere ideias apenas depois de organizá-las adequadamente. Como resultado, uma relação entre esses dois signos exige que eles trabalhem duro para garantir que compartilhem e ouçam um ao outro igualmente. Caso contrário, Gêmeos provavelmente acabará monopolizando a conversa, enquanto

Virgem armazena uma raiva taciturna contra seu camarada exorbitantemente tagarela. Gêmeos é sociável e também pode deixar Virgem frenético ou ciumento, no entanto, quando cada signo baixa a guarda e decide se divertir, essa relação tem potencial.

Gêmeos - Virgem Compatibilidade na Amizade

Quando se juntam, complementam-se perfeitamente e podem criar uma amizade forte e duradoura. Ambos enfrentam adversidades e problemas com um grande sentido de humor, algo que os torna especiais, uma vez que não dão tanta importância aos problemas.

Tanto Gêmeos quanto Virgem gostam de fazer coisas, se aventurar e não deixar a monotonia cair. Não só isso, mas desde o primeiro momento que você se encontra você verá que você tem personalidades muito semelhantes, bem como complementares.

Gêmeos - Compatibilidade com Virgem no Trabalho

Quanto ao campo de trabalho, ambos são muito habilidosos e, se estabelecerem o mesmo objetivo, podem complementar-se e ir muito longe juntos.

Ambos os signos têm a capacidade de analisar as coisas. Virgem é muito bom em negociar, e Gêmeos é bom em vender. Como nenhum deles se preocupa em ser chefiado por um superior, eles não ficarão com raiva ou incompreendidos. Mesmo assim, eles terão que controlar seu desejo de manipular, pois isso pode prejudicar a relação.

Gêmeos - Libra no Amor Compatibilidade

Entre Gêmeos e Libra há uma conexão instantânea quando eles se acasalam. Ambos se alinham em perfeito equilíbrio. Os dois compartilham conversas divertidas, histórias encantadoras e muitas festividades fabulosas. No entanto, a tensão pode surgir quando Libra, com todo o seu glamour, é dececionada pelas piadas de Gêmeos. A verdade é que Gêmeos fala sobre tudo com tudo, e Libra é mais seletivo na hora de iniciar uma conversa, algo que Gêmeos pode achar um pouco presunçoso. No entanto, se cada signo for capaz de respeitar a abordagem do outro, o casal pode durar muito tempo.

Gêmeos - Libra Compatibilidade na Amizade

Desde o primeiro momento em que se encontram, eles se entendem e sabem que podem confiar plenamente um no outro. Eles são praticamente os mesmos.

Em uma amizade entre Gêmeos e Libra não haverá espaço para o tédio. Ambos querem interagir constantemente e querem fazer muitas atividades, pois não gostam de ficar sem fazer nada.

Os dois signos costumam ser seletivos na hora de escolher amizades, pois são exigentes. É por isso que, quando têm um amigo ao seu lado que consideram um bom amigo, vão tratá-lo muito bem e querem que ele fique na sua vida para sempre.

Gêmeos - Libra Compatibilidade no Trabalho

Quanto à área de trabalho, quando se juntam podem alcançar muitos sucessos. Ambos têm uma mente bastante criativa com a qual conseguem tudo o que se propõem a fazer.

Libra é muito organizada e traz equilíbrio no trabalho, e isso trará tranquilidade para Gêmeos, que geralmente é quem tem mais iniciativa e se esforça mais.

Gêmeos - Escorpião Apaixonado Compatibilidade

Gêmeos e Escorpião são facilmente desiguais. Gêmeos está muito ocupado com as muitas emoções da vida para se envolver em um drama específico, enquanto Escorpião nunca ousaria baixar a guarda a menos que soubesse que era uma realidade. Curiosamente, Gêmeos e Escorpião são atraídos um pelo outro de forma poderosa e sedutora.

Gêmeos está hipnotizado pelos espíritos de Escorpião, e Escorpião está preocupado em tentar conquistar o afeto de Gêmeos.

No início, a relação é estimulada pelo desejo, mas uma vez que o casal é instituído, eles devem enfrentar algumas grandes dificuldades. O engenhoso Gêmeos precisa de liberdade, enquanto o poderoso Escorpião exige lealdade inabalável. E enquanto Gêmeos é flexível, Escorpião mantém seus sentimentos, por isso é importante que ambos pratiquem a leitura das modalidades um do outro.

Este casal não é fácil, mas têm uma química extraordinária, sobretudo sexual, e isso pode fazer com que esta relação valha todo o trabalho.

Gêmeos - Escorpião Compatibilidade na Amizade

Apesar de não terem muitas coisas em comum e poderem entrar em conflito, no momento em que começarem a conhecer-se verão que podem fazer muito bem um ao outro e que podem construir uma amizade sólida.

Gêmeos é bastante relaxado e precisa de um escorpiano para organizar suas vidas. O Escorpião defenderá seu amigo até a morte e isso será um teste de lealdade para Gêmeos.

Gêmeos - Compatibilidade com Escorpião no Trabalho

É a área onde eles podem se dar melhor. No caso de ambos se unirem para alcançar o mesmo objetivo, o resultado costuma ser muito bom.

Para ambos os signos, o trabalho é essencial e isso pode lhes render grandes triunfos. Você terá de trabalhar suas diferenças como a instabilidade de Gêmeos e a sensibilidade de Escorpião, porque quando você se entende, você pode fazer muito bem um para o outro.

Gêmeos - Sagitário no Amor Compatibilidade

Gêmeos e Sagitário são compatíveis, aliás, esse casal é um dos mais dinâmicos de todo o zodíaco. Estes signos são por natureza e quando se juntam formam um casal poder incrivelmente requintado que adora recreação.

Eles têm abordagens semelhantes à vida e abordam o mundo com o mesmo frenesi e otimismo. Gêmeos e Sagitário são contadores de histórias naturais, e a estimulação mental entre esses dois signos faz com que os neurônios se projetem em alta velocidade.

Basicamente, é um relacionamento que não requer muito trabalho, mas você não deve tomar seu relacionamento como garantido.

Todo relacionamento requer confiança e comprometimento, então ambos precisam ter certeza de que não tomam muitas liberdades.

Circunstancialmente, o ego de Sagitário pode causar problemas, mas Gêmeos com suas habilidades sugestivas saberá canalizar as circunstâncias.

Obviamente, Sagitário tem muito do que se gabar, mas eles deveriam ser mais humildes.

Gêmeos - Sagitário Compatibilidade na Amizade

Quando eles se juntam e fazem uma amizade, é duradouro, pois criam um vínculo especial. Encontrarão características comuns que os tornarão inseparáveis.

Ambos são sociáveis, adoram seduzir e se divertir. Ambos os signos gostam de viajar e aventura. Gêmeos será quem propõe os planos, e Sagitário sempre aceitará.

Eles são bastante semelhantes, mas podem colidir em algum momento, então você deve ter cuidado.

Gêmeos - Sagitário Compatibilidade no Trabalho

Ambos se entenderão perfeitamente, pois têm personalidades semelhantes. Se os dois se unirem, podem ter muito sucesso.

Gêmeos e Sagitário têm um alto nível intelectual e com isso poderão ir aonde quiserem. Gêmeos tem muita capacidade de negociação e Sagitário sempre trará ideias muito inteligentes.

Gêmeos - Capricórnio Compatibilidade no Amor

Gêmeos e Capricórnio é uma relação que exige muita dedicação. Capricórnio, o signo mais trabalhador do zodíaco, não entende como alguém tão errático pode alcançar tanto sucesso.

Enquanto Capricórnio se desgasta no trabalho, Gêmeos, como um feiticeiro, mostra as variadas maneiras como ele alcança o sucesso, deixando Capricórnio maravilhado e completamente apaixonado. Através da comunicação, estes dois podem, gradualmente, aprender a entender-se melhor.

Para construir um relacionamento saudável, Capricórnio deve permitir que Gêmeos mude de ideia com frequência. Gêmeos deve comunicar seu processo de pensamento a Capricórnio, para que seu companheiro terreno possa raciocinar as razões de suas mudanças desproporcionais de opinião.

Em suma, a dinâmica desta relação pode funcionar, mas exigirá dedicação de ambas as partes.

Gêmeos - Capricórnio Compatibilidade na Amizade

Apesar de terem personalidades bastante diferentes, uma amizade entre Gêmeos e Capricórnio pode ter um bom futuro.

Capricórnio valoriza muito a amizade e precisa ter um amigo incondicional em quem possa confiar e que faça parte da sua vida. Gêmeos tem muitas pessoas ao seu redor, mas eles não dão a mesma importância à amizade que Capricórnio.

Gêmeos fará com que Capricórnio comece a valorizar as amizades.

Gêmeos - Capricórnio Compatibilidade no Trabalho

É aqui que eles têm a maior compatibilidade. Ambos os signos consideram o trabalho fundamental, às vezes até sobrepondo-o ao parceiro, amigos ou familiares. Capricórnio precisa pensar nas coisas, isso vai ajudar Gêmeos, pois são pessoas muito impulsivas que agem sem calcular os riscos em nenhuma circunstância. Ambos aprenderão um com o outro.

Aquário - Gêmeos no Amor Compatibilidade

Gêmeos e Aquário têm ideias semelhantes. Aquário está muito intrigado com o perspicaz Gêmeos, que por sua vez se encanta com a atitude imutável de Aquário e sua paixão profundamente humanitária. Gêmeos e Aquário se entendem de forma madura e sabem aguçar a imaginação um do outro com ótimos diálogos. No entanto, Aquário é conhecido por suas ideias extremamente rebeldes, que, embora maravilhosas, podem incomodar Gêmeos, que geralmente prefere a familiaridade à rebeldia. No entanto, apesar de uma pequena elipse de instrução, é fácil para esses dois aprenderem a estar juntos. Esta relação pode evoluir para um romance formal e duradouro ao longo do tempo.

Aquário - Gêmeos Compatibilidade na Amizade

Eles serão atraídos um pelo outro, pois são parecidos e têm personalidades semelhantes.

Gêmeos é fascinado pela rebeldia de Aquário e isso aumentará sua criatividade. Aquário será atraído pela comunicação e capacidade de Gêmeos de negociar e conseguir o que quer.

Pode ser uma amizade para toda a vida, desde que Gêmeos controle o ciúme.

Aquário - Compatibilidade com Gêmeos no Trabalho

Em termos de trabalho, tendem a criar uma boa dupla. Ambos têm a criatividade de que precisam e ambos trarão as qualidades necessárias para alcançar tudo o que se propõem a fazer.

Eles devem ter cuidado com as críticas, já que Aquário se expressa diretamente sem pensar nas consequências, e Gêmeos pode se sentir atacado, já que odeia receber críticas, sejam elas positivas ou negativas.

Gêmeos - Peixes no Amor Compatibilidade

Gêmeos e Peixes têm uma relação complexa. Como Gêmeos é personificado por gêmeos, esse signo de ar carrega sua dualidade no rosto. Por outro lado, os múltiplos perfis de Peixes são menos visíveis a olho nu.

O signo de Peixes representa dois peixes unidos que se movem em direções opostas, simbolizando sua relação com os reinos sutil e terreno.

Uma vez que ambos são bifacetados, compreendem a necessidade de liberdade e investigação um do outro. No entanto, nem Gêmeos nem Peixes são bons em criar limites, então esse casal deve lutar muito para criar uma dinâmica.

Peixes é sensível e pode desconfiar dos propósitos por trás da sutileza astuta de Gêmeos.

Enquanto isso, é provável que Gêmeos pense que Peixes é excessivamente dramático. Para funcionar, esse casal precisa se comunicar de forma honesta e sem jogos.

Gêmeos - Peixes Compatibilidade na Amizade

Eles não serão atraídos por eles, pois têm personalidades diferentes. Ainda assim, eles têm alguns aspetos pelos quais são atraídos.

Gêmeos ficará surpreso com a forma como Peixes vê a vida, e vai querer perguntar sobre o que eles pensam e como eles organizam seu dia-a-dia.

Peixes será atraído pela facilidade de fala de Gêmeos, e a comunicação é algo que falha neste signo de água.

Gêmeos - Peixes Compatibilidade no Trabalho

Quanto à área de trabalho, é onde são mais compatíveis. Ambos são trabalhadores e, quando estabelecem um objetivo, lutam até alcançá-lo, não importa o que seja preciso.

Os dois signos confiarão cegamente um no outro, pois têm atitudes semelhantes. Ambos têm interesse em ter sucesso e obter benefícios económicos e, acima de tudo, estão satisfeitos com a consecução dos seus objetivos.

Melhores animais de estimação para Gêmeos

Para Gêmeos, o mais importante é a comunicação e o contato com as pessoas próximas ao coração.

Os animais de estimação não são exceção, Gêmeos quer sentir que estão em contato íntimo com eles, que sabem o que o animal que escolheram sente e que seu animal de estimação os entende.

As aves com capacidade de reproduzir a voz humana, como os papagaios, são uma excelente escolha para os geminianos. Na sua forma de comunicar, são a coisa mais próxima das pessoas.

Gêmeos é alguém que está sempre procurando a parte que os complementa e um animal de estimação que os ouve pode ser o início dessa jornada.

Animais de estimação nascidos sob o signo de Gêmeos

Os animais de estimação nascidos sob o signo de Gêmeos, seja qual for a espécie, não podem estar sozinhos, eles precisam ao seu lado a agradável sensação de serem parte complementar de outro ser.

Como são animais sociais, são muito cooperativos e juntam-se ao trabalho coletivo da sua espécie ou de outros.

Eles mostram compaixão pelos mais fracos e são capazes
de ajudar outras criaturas em apuros. Estes são aqueles
animais que permitem ter mais do que um animal de
estimação em casa.

A sua constante necessidade de interação torna-os muito
inteligentes. Eles podem aprender mais de um truque, e ser
realmente útil em casa, e em ajudar pessoas com limitações
físicas.

Eles são de vida longa, e geralmente excedem a idade
natural de sua espécie. Eles são um dos melhores animais
para ter como parte da família, pois nunca deixam seus
donos darem conforto.

Presentes apropriados para Gêmeos

Divertido e extrovertido. Presentes que invocam a sua
criatividade, lado comunicativo e espontaneidade. Um
bilhete para uma viagem que envolve muitas aventuras e
riscos, um telefone moderno, uma caneta com as iniciais
gravadas ou um jogo de tabuleiro deixarão o comunicador
do zodíaco muito feliz.

Gêmeos pode derreter seu coração com uma lembrança
personalizada que representa seu relacionamento. Se você
optar por uma foto emoldurada de vocês juntos ou pulseiras
de amizade, porque certamente isso vai apelar para o seu
lado sentimental não tão secreto.

Gêmeos adora se divertir! Eles são divertidos, extrovertidos, flexíveis e perpetuamente prontos para a aventura, então você não pode errar com um presente inventivo e atencioso que apela à sua criatividade colorida e lado espontâneo.

Taças de vinho com o símbolo do zodíaco de Gêmeos é uma sugestão, porque aquele amante divertido levará essa taça de vinho para onde quer que ela vá, esvoaçando como a borboleta social que é.

Também pode pagar um bilhete para uma viagem que é uma aventura, porque Gêmeos está sempre disposto a correr riscos e ter experiências emocionantes. Não precisa ser nada extravagante, mas tem muita diversão.

Algo muito importante é que os geminianos geralmente são pessoas muito engraçadas, sociáveis, que gostam de tudo relacionado à comunicação - ler, falar, escrever, contar, eles são capazes de passar horas ao telefone com sua família ou amigos, então qualquer artigo que os ajude a estar em contato com os seus vai parecer ótimo.

Felizmente, eles não são excessivamente materialistas e estão interessados na funcionalidade de um presente muito mais do que o seu preço. Eles gostam de variedade e como está relacionado aos braços, mãos e pulmões, itens e acessórios para essas áreas do corpo também são bons presentes para um geminiano.

As Partes do Corpo do Signo de Gêmeos

Este sinal está associado às costas, braços e nervos. Eles são propensos a bronquite e fratura da clavícula e braços. As tensões e o excesso de responsabilidades afetam o seu sistema nervoso.

Plantas para Gêmeos

Gêmeos é conhecido por sua versatilidade, que se reflete nas plantas que complementam sua personalidade.

Este signo caracteriza-se pela sua mente inquieta e capacidade de adaptação, pelo que necessita de plantas dinâmicas.

As plantas trepadeiras são ideais para Gêmeos, pois permitem que elas cresçam de forma flexível, seguindo sua curiosidade e buscando novas experiências. Plantas com cores atraentes também são uma opção para este signo, pois refletem a vitalidade.

A Língua do Tigre tem uma folha de duas cores, esta é a planta perfeita para Gêmeos. Capaz de suportar todas as mudanças de temperatura e sem a necessidade de água abundante.

O orégano, planta com ação sedativa, antiespasmódica e carminativa, com propriedades antirreumáticas, também é outra planta para Gêmeos.

É usado em distúrbios digestivos, condições respiratórias e dores musculares, aplicando-o na forma de fricções.

Rituais de Amor para o Signo de Gêmeos

Ritual da Laranja

Necessidade:

- 1 Laranja

- Caneta vermelha

- Folha de ouro

- 1 vela vermelha

- 7 novas agulhas de costura

- Fita vermelha

- Fita amarela

Corte a laranja em duas e no meio coloque o papel dourado onde terá previamente escrito o seu nome cinco vezes e o da pessoa que ama com tinta vermelha. Feche a laranja com o papel dentro e fixe-a com as agulhas de costura. Em seguida, enrolá-lo com a fita amarela e a fita vermelha, deve ser matizado.

Você acende a vela vermelha e coloca a vela laranja na frente dela. Ao realizar este ritual, repita em voz alta: "O amor reina no meu coração, estou para sempre unido (você repete o nome da pessoa), ninguém nos separará".

Quando a vela queimar, você deve enterrar a laranja em seu quintal ou em um parque, de preferência onde há flores.

Feitiço para aumentar a paixão

Necessidade:

- 1 folha de Livro Verde

- 1 maçã verde

- Fio vermelho

- 1 faca

Este ritual tem de ser realizado numa sexta-feira à hora de Vénus. Você escreve o nome do seu parceiro e o seu na folha de papel verde e desenha um coração em torno dele. Corte a maçã ao meio com a faca e coloque o papel entre as duas metades.

Em seguida, amarre as metades com o fio vermelho e amarre 5 nós. Enquanto você está amarrando os nós, você repete em voz alta:

"Is maith liom mo shúil, Wow ba me piyáv, Dáv tute m´re ba cana tu mánge šal". Você vai dar uma mordida na maçã e engolir esse pedaço.

À meia-noite você vai enterrar os restos da maçã o mais perto possível da casa do seu parceiro, se você mora junto, você a enterra em seu jardim.

Feitiço para se transformar em um ímã

Para ter uma aura magnética e atrair mulheres ou homens, você deve fazer um saco amarelo contendo o coração de uma pomba branca e os olhos de um jicotea em pó.

Este saco deve ser transportado no bolso direito se for homem. As mulheres vão usar esta mesma bolsa, mas dentro do sutiã do lado esquerdo.

Ritual do Dinheiro para Gêmeos

Feitiço durante o Eclipse Lunar.

(Para atrair suas boas energias e alcançar a prosperidade.)

Necessidade:

– 1 folha de papel azul

- Sal marinho

- 1 vela de prata grande

- 3 incensos de rosa

- 16 velas brancas pequenas

Forme o sal em círculo na folha de papel. No círculo feito com o sal, estruture dois círculos, um com as cinco velas pequenas e outro no exterior com as restantes onze. Coloque a vela de prata no meio.

Acenda as velas na seguinte ordem: primeiro, as do círculo interno, depois as do lado de fora e, finalmente, as do meio. Acenda o incenso com a vela maior e coloque-o num recipiente fora dos círculos.

Ao realizar esta operação, visualize seus desejos de prosperidade e sucesso. Por fim, deixe todas as velas queimarem. Os restos mortais podem ser jogados no lixo.

Encante com açúcar e água do mar para prosperidade.

Necessidade:

- Água do mar

- 3 colheres de sopa de açúcar

- 1 Taça de Cristal Azul

Encha o copo com água do mar e açúcar, deixe-o ao ar livre na primeira noite da Lua Cheia e retire-o do sereno às 6h00.

Então você abre as portas da sua casa e começa a regar a água com açúcar da entrada para o fundo, use um borrifador, enquanto você faz isso você deve repetir em sua mente:

"Eu atraio para a minha vida toda a prosperidade e riqueza que o universo sabe que eu mereço, obrigado, obrigado, obrigado."

Rituais de Saúde para Gêmeos

Feitiço das 3 velas.

Este ritual é para pessoas que estão convalescendo de uma doença ou têm alguma dor física difícil de eliminar.

(Deve continuar a sua medicação, isto é complementar para uma recuperação mais rápida.)

- 1 Vela de Ouro

- 1 Vela Branca

- 1 Vela Verde

- 1 recipiente para velas

- 1 foto ou item pessoal

- 1 copo de água benta

Coloque as 3 velas em forma de triângulo no recipiente, no centro coloque a foto ou objeto pessoal, em seguida, coloque o copo de água benta em cima da foto ou ao lado do objeto pessoal dentro do triângulo das velas. Em seguida, acenda as velas no sentido horário.

Repita enquanto acende as velas: Mwen limen bouji sa yo pou reyalize rekiperasyon mwen an, envoke 3 dife entèn mwen yo ak salamand yo pwoteksyon ak undines, transmute doulè sa a ak malèz nan enèji geri nan sante ak byennèt. Repita esta oração 12 vezes.

Quando terminar a oração, pegue o copo com as duas mãos e jogue a água em um ralo da casa, para terminar o ritual, sopre as velas com os dedos, você pode usá-las novamente para o mesmo propósito.

É mais eficaz num domingo na altura do Sol ou de Júpiter.

Feitiço contra vícios e vícios

Você deve pegar uma garrafa com tampa, enchê-la no meio do caminho com vinagre de maçã e a outra com a bebida alcoólica ou drogas que a pessoa consome. Ao preenchê-lo, repita firmemente:

"Invoco o universo Pai e a Mãe Terra, os quatro elementos que o vosso ser fará com que este vício se torne azedo e amargo na boca de (repete o nome da pessoa) e o abandone completamente."

Feche a garrafa e sela-a com fita adesiva, pegue a garrafa de volta em suas mãos e agite-a sete vezes enquanto repete: "enquanto esta garrafa permanecer selada, (o nome da pessoa) não cairá novamente em nenhum vício".

Limpe o exterior da garrafa com água benta e jogue-a num rio.

História da Constelação de Gêmeos

A constelação de Gêmeos representa os gêmeos Castor e Pollux na mitologia grega. Os irmãos também eram conhecidos como Dioscuri, que significa "filhos de Zeus". No entanto, na maioria das versões do mito, apenas Pollux era filho de Zeus, e Castor era filho do rei mortal Tyndareus de Esparta.

A mãe dos gêmeos, a rainha Leda de Esparta, foi estuprada por Zeus, que visitou a rainha na forma de um cisne (associado à constelação de Cygnus), e ela engravidou de Pollux e Helena, que se tornaria a famosa Helena de Troia.

Nesse mesmo dia, Leda também engravidou de Castor e Clitemnestra. Eles foram gerados por Tyndareus e, ao contrário dos filhos de Zeus, eram mortais.

Castor e Pollux cresceram juntos e eram muito próximos. Castor era um excelente cavaleiro e habilidoso na esgrima, e Pollux era famoso por suas habilidades no boxe. Os dois fizeram parte da expedição dos Argonautas para obter o Tosão de Ouro.

Os gêmeos resgataram a tripulação em várias ocasiões. É por isso que eles eram conhecidos como os santos padroeiros dos marinheiros, e dizia-se que o próprio deus Poseidon lhes deu o poder de resgatar marinheiros que naufragaram no mar e que ele também lhes deu dois cavalos brancos nos quais às vezes são representados.

Castor e Pollux raptaram as filhas de Leucippo, Hilaira e Febe, e casaram-se com elas. Por causa disso, Idas e Lynceus, também irmãos gêmeos e sobrinhos de Leucipo (ou pretendentes rivais), mataram Castor.

Pollux, que recebera o dom da imortalidade de Zeus, convenceu seu pai a concedê-lo também a Castor. Assim, os dois se alternaram como deuses no Olimpo e como mortais mortos no Hades.

Zeus recompensou ainda mais este amor fraterno, colocando-os ambos no céu, onde permanecem inseparáveis como a constelação de Gêmeos.

Como encontrar a constelação de Gêmeos?

Esta constelação é melhor vista no céu durante o inverno. Se olharmos por volta das 21h00 para sudeste, encontraremos a constelação de Gêmeos a cerca de 30° a nordeste de Orion.

É fácil de reconhecer graças às suas duas principais estrelas brilhantes. Está entre as constelações de Touro e Câncer, e é referenciada pelas estrelas Castor e Pollux.

Ambas são as estrelas mais brilhantes desta constelação e a sua proximidade torna-as um ponto focal do olhar para o céu.

Castor e Pollux são estrelas duplas, o que significa que há duas estrelas em cada uma das estrelas. Isso significa que, no total, o signo de Gêmeos tem quatro estrelas principais. Cada uma destas estrelas tem uma luminosidade diferente e é visível em diferentes épocas do ano.

Estrelas da constelação de Gêmeos

Gêmeos é conhecida principalmente por suas duas estrelas brilhantes, Castor e Pollux, a estrela de nêutrons Geminga, e vários objetos notáveis no céu, incluindo o aglomerado aberto Messier 35, a Nebulosa Esquimó e a Nebulosa Medusa.

As duas estrelas mais brilhantes da constelação, Alpha e Beta Geminorum, marcam a cabeça dos gémeos.

Qual é a estrela mais brilhante da constelação de Gêmeos?

Pollux é a estrela mais brilhante da constelação de Gemini. É uma estrela gigante laranja que fica a 33,7 anos-luz do nosso sistema solar.

Esta estrela é uma das maiores e mais brilhantes que podem ser observadas a olho nu da Terra. Sua luminosidade é tão intensa que muitas vezes pode ser confundida com um planeta, mas na verdade é uma estrela massiva que está a milhões de anos-luz de distância.

Lua no signo de Gêmeos Natal

As pessoas com a Lua em Gêmeos são influenciáveis, como resultado podem facilmente apreciar todos os pontos de vista. No entanto, eles acham difícil descobrir qual é exatamente o seu próprio ponto de vista ou se concentrar em um tópico por um período de tempo.

A Lua está em Gêmeos, sente-se mais confiante ao explorar novas ideias e desfrutar da interação social com os outros. A Lua em Gêmeos precisa ser livre para explorar a dualidade e experimentar toda a gama de emoções.

Se a sua Lua está no signo de Gêmeos, sua Zona de Segurança tem tudo a ver com manter suas opções abertas e sentir que você é livre para criar sua própria opinião sobre diferentes contextos.

Gêmeos Ascendente

São pessoas muito criativas, em qualquer conversa têm ideias infinitas graças ao facto de a sua mente estar constantemente a criar.

 São pessoas que nascem com o dom da indagação e querem saber como funcionam as coisas ao seu redor. Eles transmitem muita alegria por onde passam e quem está ao seu lado se diverte muito com eles.

O amor à distância e os signos do zodíaco.

As relações à distância sempre existiram, mas nos nossos tempos é cada vez mais comum encontrar casais que mantêm as mesmas relações devido, entre outros motivos, ao avanço da tecnologia. Este tipo de relações pode trazer-nos muita alegria, mas também muitos conflitos psicológicos.

Quando alguém se apaixona desta forma, cria-se uma série de expectativas que, se não forem alcançadas, podem acabar em deceção. Se uma relação em que vivemos juntos diariamente deve ser cuidada para que o amor não morra, uma relação à distância exige muito mais atenção.

Todas as pessoas e relações são diferentes, mas em geral é muito importante comunicar, já que em qualquer tipo de relacionamento a comunicação é definitiva para ter sucesso.

Nem todos os signos do zodíaco lidam com relacionamentos à distância da mesma maneira, vamos ver o que a astrologia diz sobre isso:

Áries: Sua paixão é sempre percetível, mas quando você está longe do seu amor ela aumenta. Lutar para estar com seu parceiro é um teste de amor, mas muitas vezes parece uma manifestação de sua incapacidade de adaptação.

Touro: Não importa quantos quilômetros te afastem da pessoa que você ama, você sempre lutará por esse amor. Mas se a sua cara-metade parar de entrar em contato com você sem motivo, você interpreta isso como descuido e desaparece da sua vida.

Gêmeos: Você precisa de informações diárias sobre seu parceiro, para que ele ligue para você e lhe diga os detalhes de onde ele está e o que faz, mesmo que seja insignificante. Você aspira a um relacionamento onde haja confiança onde quer que esteja.

Câncer: Uma desgraça, já que o único espaço que proporciona segurança à sua vida romântica é o lar. Você é muito terno, e isso se acentua quando você sente falta daquele que roubou seu coração.

Leão: Um conflito para você, já que você não consegue conceber que seu parceiro esteja longe, seu ego é muito grande. Você precisa estar no controle do relacionamento. A distância não lhe agrada por muito tempo, e você tende a se sentir limitado por ela.

Virgem: Você não lida bem com a distância porque apesar de não depender de ninguém para ser feliz, quando você se apaixona você vai passar para o fim do mundo a fim de estar com a pessoa que lhe dá borboletas no estômago.

Libra: Sendo tão romântico de vez em quando você fará declarações de amor para que a emoção não se perca. Às vezes, eles têm que se controlar para não cair em tentações de serem infiéis.

Escorpião: Este será um drama apaixonante, pois as ausências não destroem sua vida amorosa, apenas a monotonia destrui. Você também gosta de separações coloridas com algum melodrama.

Sagitário: As fronteiras não são limites para você. Você é carinhoso e quando você tem sua alma gêmea longe, você é ainda mais. Você enviará e-mails e cartões lembrando-o o quanto você ama e sente falta dele.

Capricórnio: Enquanto durar o relacionamento à distância, você fará planos focados no futuro, isso lhe dá esperança e faz você se sentir vivo. Seu objetivo é viver ao lado dessa pessoa, e você visualizará isso diariamente.

Aquário: Às vezes você quer ter seu parceiro por perto para fazer planos juntos e outras vezes você quer ter espaço para expandir sua vida individual. Sendo um amante da liberdade você não tem problemas.

Peixes: Romântico, é comum você ter o amor florescendo, mesmo que seu parceiro esteja do outro lado do mundo. A distância é uma oportunidade para ser apaixonado e sentir saudades do amor. Você se entrega completamente, mesmo que os sete mares estejam no meio.

Separações em casais. Podemos reconquistar o amor?

Um dos eventos mais tristes que podem ser vividos na área sentimental é terminar com o nosso parceiro. Nem todos os problemas dos casais podem ser resolvidos, às vezes não temos opções e temos de terminar a relação e começar um novo ciclo.

Quando ocorre um rompimento, um distúrbio tão extenso que pode causar desânimo, falta de apetite e sono e, em muitos casos, até estresse pós-traumático.

Esta má experiência pode baixar a sua autoestima e fazer com que sinta medo de encarar o futuro. No entanto, sempre levando em conta a causa da separação, os rompimentos não precisam ser para sempre, não significam necessariamente que o relacionamento acabou e que não há chance de salvar o romance.

Devemos sempre pensar se vale a pena recuperar a relação e se há mais razões para ficarmos juntos do que distanciados. Equilibre os prós e contras, ou seja, analise se há mais pontos positivos do que negativos.

Durante o tempo em que estiver separado, aprenda a ver o positivo e pergunte-se: Qual foi a verdadeira razão para este evento? Se você quer recuperar a pessoa que ama, você deve estar ciente das contribuições que você fez para o relacionamento, analise-se.

Durante o tempo de separação, não perca o contato com a sua cara-metade, mas procure manter o equilíbrio na comunicação para que você dê tempo para ela sentir sua falta, e também para que ela tenha seu espaço e não se sinta sufocada. Concentre-se em tópicos gerais.

Tente viver no aqui e agora, não condicione sua felicidade ao momento em que você pode definitivamente se encontrar novamente, porque isso pode acontecer, ou talvez nunca aconteça.

Independentemente dos seus desejos, se ela reflete e difere, você tem que admitir a realidade. Comporte-se de tal forma que, com o passar do tempo, sinta-se orgulhoso da decisão que tomou.

Ser paciente é fundamental nestas situações, a outra pessoa pode ter as suas dúvidas e pode estar a tirar o seu tempo a observá-lo e a pensar, pelo que deve continuar com a sua vida, sair com os seus amigos, partilhar com a sua família, fazer exercícios para que canalize qualquer energia negativa, reforce a sua autoconfiança e mantenha um bom humor.

Muitas pessoas superam esses traumas facilmente e a astrologia aqui também tem sua hipótese. Os signos que pertencem ao elemento ar, ou seja, Gêmeos, Libra e Aquário, superam os rompimentos amorosos muito rapidamente, seus corações não ficam quebrados por muito tempo, e eles vão procurar mil maneiras de estar ocupado e parar de pensar na situação.

Signos de Água, Câncer, Escorpião e Peixes estão sempre dispostos a reconsiderar qualquer decisão, sabem como voltar ao normal, apagar a dor de suas almas e começar do zero. Aqui vale esclarecer que, se houve uma infidelidade, os escorpiões não a perdoam nem a esquecem.

A reconciliação é um processo de crescimento prolongado e mudança que requer esforço, paciência e modificação de comportamento, mas o amor é o sentimento mais poderoso e puro que existe, pelo qual vale a pena lutar. É a força para superar todos os obstáculos, torna-nos fortes e ternos ao mesmo tempo. Se você quer lutar por alguém do fundo do seu coração, faça-o.

Quem é sua alma gêmea de acordo com seu signo do zodíaco?

Quando ouvimos o termo "almas gêmeas", geralmente pensamos que eles estão se referindo a membros de um casal, ou seja, alguém com quem você tem uma forte conexão sentimental-sexual. No entanto, as almas gêmeas legítimas nem sempre se relacionam desse ponto de vista e, muitas vezes, nem sequer estão interessadas no aspeto sexual de um relacionamento.

 Sua alma gêmea não pode ser apenas seu parceiro, mas também seu pai, amigo, filho, avô, chefe ou irmã.

Do ponto de vista astrológico, e levando em conta que as lições que precisamos aprender antes de chegar ao próximo nível espiritual são as que definem o tipo de relações afetivas que precisamos desenvolver na vida de hoje, podemos dizer que Câncer e Peixes são almas gêmeas de Áries.

Com Câncer e Peixes, os arianos podem não só se concentrar melhor e resolver conflitos sem violência, mas também desenvolver empatia, ou seja, a capacidade de se colocar no lugar do outro e aprender a compartilhar.

Estes dois signos não gostam de conflitos e, se gostam, preferem o diálogo a qualquer episódio de brutalidade. Gêmeos pode ensinar Câncer e Peixes a não precisarem da aprovação dos outros, a serem mais arriscados e a não tentarem agradar a todos, ou seja, a serem mais assertivos.

O taurino sensual, inimigo da mudança, parente sanguíneo da inércia, tem como alma gêmea Sagitário e Gêmeos, dois signos que sabem que a vida é uma jornada fascinante, mas não estática.

Eles podem ensinar a Gêmeos que eles não precisam ficar onde não precisam estar por medo da incerteza, e que sempre haverá certas situações ou circunstâncias que acontecerão sem que nós as esperemos e sem que tenhamos qualquer poder para modificá-las.

Gêmeos também tem muito a ensinar a esses signos.

 Lições de força de vontade, de ter compromissos com os outros, de se comprometer com o que fazem e de continuar até ao fim com persistência, sem pressas nem lentidão. Ter princípios e ser prudente.

Leão pode equilibrar muito carma com suas almas gêmeas que pertencem a Libra e Aquário.

Um leonino pode ser teimoso com uma ideia ou crença errônea por vaidade; Libra e Aquário sabem que por trás de uma pessoa egocêntrica existe baixa autoestima. Libra ensinará a Leão equanimidade e tolerância, a usar o raciocínio e a diplomacia para manter uma comunicação fluida.

Aquário, o signo oposto a Leão, dotado de juízo objetivo e justo, pois nunca se deixa levar por preconceitos, ensinará

Leão a ver o coração das pessoas, a oferecer o ombro e a dar palavras compreensivas em momentos de necessidade.

Leão nunca hesita ao tomar decisões e, se o fizer, não o manifesta, algo que Libra deve praticar.

A fidelidade é uma marca registrada em Leão, algo que Aquário não conhece, e os leões pequenos podem dar-lhes lições de moralidade.

Virgem, conhecidos como perfeccionistas, por causa do imenso medo que têm de falhar, têm Escorpião e Capricórnio como almas gêmeas. Virgem gosta de ser rigoroso em suas decisões e tem um protótipo em quase todos os aspetos de sua vida.

Esta seletividade impede-os de seguir o movimento da vida. Virgem literalmente destruirá um projeto inteiro se sentir que não foi perfeito em primeiro lugar, algo que um capricorniano nunca faria, já que sua visão permitirá que eles vejam que medidas alternativas sempre podem ser tomadas, sem ter que começar de novo.

Capricórnio é um signo seguro de seu próprio espaço, eles não tomam decisões sem sentido, algo que Virgem às vezes faz. Escorpião, por outro lado, é capaz de mitigar o pior e melhorar o melhor de Virgem. Escorpião e Virgem têm uma abordagem prática da vida, no entanto, os escorpianos são muito mais animados do que Virgem.

Escorpião trará a determinação que falta a Virgem, e Virgem trará controle e racionalidade para o apaixonado Escorpião.

Virgem tornará Capricórnio mais agradável e brincalhão ao seu redor, isolando-os daquela seriedade excessiva que muitas vezes mostram em seu rosto.

Qual é o signo mais controlador do zodíaco?

O controle nos dá uma sensação de segurança, mas o problema é que não podemos controlar a grande maioria das coisas que acontecem em nossas vidas, ou outras pessoas, e tentar fazer isso só serve para criar mais estresse e conflito para nós.

As pessoas controladoras pensam que sabem o que é do melhor interesse daqueles que as rodeiam, e podem querer dominar passivamente e até indiretamente. Dependendo do seu signo do zodíaco, você terá uma maneira específica de controlar e será mais ou menos agressivo a esse respeito.

Áries: Eles tendem a se sentir superiores, mais inteligentes e mais eficazes. Daí a sua necessidade de monitorizar tudo. Eles assumem que deveriam estar no comando porque os outros não sabem como resolver nada corretamente.

Touro: Eles se sentem no direito de invadir o espaço daqueles que os rodeiam. Desvalorizam os sucessos uns dos outros, tratam a pessoa controlada como alguém incapaz e até tentam mudá-la.

Gêmeos: Este signo é inteligente e muitas vezes sabe tomar as rédeas sem que você perceba. Eles não veem a outra pessoa como livre, mas devem depender dela e de todas as ordens que dão.

Câncer: Acreditam que devem supervisionar os mínimos detalhes de tudo o que se move ao seu redor. Tudo tem de ser planeado e organizado de acordo com o que decidiram com extremo rigor. E, claro, estão convencidos de que a sua forma de resolver as coisas é a melhor.

Leão: Tente por todos os meios fazer com que as situações e comportamentos dos outros estejam de acordo com o que eles acreditam ser certo. Outro elemento que eles usam são as ameaças, diretas ou indiretas, como punições ou consequências se você não fizer o que Leão diz.

Virgem: eles até se intrometem nas conversas dos outros. Eles constantemente criticam os outros, e são muito desconfiados. Eles também provavelmente tentarão apresentá-lo ao seu círculo de amigos e familiares a ponto de torná-lo seu único ambiente social.

Libra: Se possível, eles controlariam o fluxo sanguíneo de todas as pessoas importantes em sua vida. Eles agem como se fosse totalmente normal antecipar as decisões uns dos outros e fazê-los eles mesmos para a outra pessoa. A desculpa pode ser não perder tempo ou fazer a coisa certa para todos.

Escorpião: controla você isolando-o de seus amigos ou familiares, ele faz isso de forma muito sutil. Podem queixar-se da frequência com que falamos com os nossos familiares ou dizer que não gostam deles. Por outro lado, também pode acusá-lo constantemente de não saber fazer nada.

Sagitário: Ele é um estrategista de controle, porque ele não controla o tempo todo, e ele é super inteligente para fazer isso. Ele não hesita em dar conselhos aos outros, mesmo que eles não lhe tenham pedido, porque ele acha que sabe melhor do que ninguém como eles devem proceder.

Capricórnio: Muitas vezes são adeptos de usar a culpa para obter o que querem dos outros. São muito paternalistas, recorrendo a este mecanismo para esconder a sua tentativa de poder ou controlo sobre o outro.

Aquário: eles não suportam não saber o que vai acontecer ou como será o futuro. Eles acreditam que os outros são imperfeitos em todos os sentidos. Sentem-se ansiosos e chateados quando as coisas não correm como tinham imaginado. Gostam de ser necessários porque assim se sentem no comando de determinadas situações e isso tranquiliza-os.

Peixes: Tende a controlar coisas ou pessoas com estratégias emocionais. Ao ser sensível, você pode ser um especialista em chantagem emocional. Apela à confiança que o outro tem nele e acaba por usá-la como argumento quando toma a iniciativa nas decisões.

Aceitar a ideia de que nem sempre podemos saber o que vai acontecer, ou controlar tudo, pode ser um desafio. Muitas vezes essa tentativa de controle, principalmente no casal, vem do medo do abandono.

Devemos ter em mente que uma das bases para eliminar esse medo, seja no casal ou em outra esfera da vida, é a confiança e a comunicação, expondo nossos medos e concordando em deixar a outra pessoa expressar sua opinião livremente.

Amizade do ponto de vista astrológico.

A amizade é uma das mais maravilhosas ligações humanas, um amigo é o abrigo nas nossas tristezas e com quem partilhamos momentos de alegria.

 Algumas amizades nascem instantaneamente, enquanto outras levam anos para se consolidar. Assenta na reciprocidade e no compromisso.

Encontrar um amigo autêntico no nosso tempo é um pouco difícil, uma vez que vivemos numa sociedade em que quase toda a gente procura beneficiar de algo, por isso, quando o encontramos, agarramo-nos a ele.

É importante lembrar que cada pessoa que cruza o nosso caminho, seja ela boa ou má, traz-nos uma importante lição a aprender.

Quando se trata de amizade, a astrologia, como sempre tão fascinante, tem muito a dizer. Nem todos damos o mesmo valor à amizade em nossas vidas e não nos relacionamos igualmente com nossos amigos.

Áries é um signo muito generoso e espontâneo. Ele é o tipo de amigo que está lá através de grosso e fino. Com eles você vive aventuras e dias loucos. Áries às vezes permite que seu temperamento turve suas verdadeiras qualidades, mas no final são pessoas em quem você pode confiar. Para Áries, Libra e Aquário são seus melhores aliados.

Touro, os amigos mais teimosos, mas os mais confiáveis. A amizade de Touro supera qualquer contratempo e ultrapassa as barreiras do tempo. São amigos dedicados, leais, consistentes e bons conselheiros. Às vezes possessivo e ciumento. Os melhores aliados de Touro são Capricórnio e Câncer.

Gêmeos é super engraçado e sempre tem muitos amigos. Ele é um pouco inconsistente e falador, é por isso que ele não é confiável. Com eles, trata-se de seguir o fluxo e se aclimatar ao seu comportamento versátil. As amizades geminianas devem ter uma conexão intelectual, por isso seus melhores aliados são Libra e Leão.

Câncer, seu grupo de amigos é muito pequeno porque você tem medo de se abrir para os outros. Ele é um amigo super sentimental, generoso e protetor. Sempre disposto a oferecer-lhe o ombro para acalmar as suas aflições. Se você é amigo deles, você faz parte da família deles. Os melhores aliados de Câncer são Virgem e Peixes.

Leão é carismático, engraçado e caloroso. Ele é muito leal e se sacrifica por seus amigos. Por causa de sua aura magnética, eles atraem muitos amigos. Têm extremo prazer em fazer favores, dão sem esperar nada em troca. No entanto, o seu espírito competitivo e egocentrismo são o seu calcanhar de Aquiles, precisam de amigos humildes e pacientes. Seus melhores aliados são Capricórnio e Sagitário.

Virgem, a perfeição também se estende a esta área. São exigentes e seletivos. Ignoram os seus problemas pessoais para dar a mão aos amigos. São afáveis e discretos. Por vezes, gostam de se fechar no seu mundo e não permitem que ninguém entre nele. Os melhores aliados de Virgem são Câncer e Escorpião.

Libra, eles são harmoniosos, serenos e calmos. Sabem divertir-se com os amigos, adoram viver rodeados de amigos e, graças às suas capacidades diplomáticas, sabem resolver os problemas dos amigos. Quando você cria uma amizade, ela é genuína. Os melhores aliados de Libra são Sagitário e Aquário.

Escorpião, sua atitude é honrosa e reta. Ciumento e possessivo de seus amigos, ter um Escorpião entre seus amigos é sinônimo de apoio absoluto. Escorpião é um dos amigos mais leais que você poderia encontrar durante sua vida, muito bons conselheiros. Os melhores aliados de Escorpião são Virgem e Capricórnio.

Sagitário, ter um amigo deste signo é como ter uma fortuna. Sua amizade é uma das mais sinceras, puras e nobres de todo o zodíaco. Sagitário vai até o fim para seus amigos. Eles têm a capacidade de ter muitas amizades e eles têm a capacidade de resolver problemas, eles são protetores. Os melhores aliados são Libra e Gêmeos.

Capricórnio, você não acha fácil encontrar amigos, porque você é muito circunspecto e cauteloso. Eles tendem a procurar amizades que durem muito tempo, porque sabem o quanto esses laços são significativos na vida. Quando ele consegue fazer uma conexão, ele é leal. Gosta de ser ouvido e de não ter os seus conselhos ignorados. Seus melhores aliados são Touro e Virgem.

Aquário, é o amigo perfeito, respeita a vida privada de seus amigos e é discreto. Muito generoso com aqueles que eles realmente estimam. Mas o que eles não resistem é alguém tentando impedir a sua liberdade, porque eles são muito independentes. Um amigo aquariano é um verdadeiro tesouro que deve ser cuidado, porque ele sempre dará o melhor de si mesmo sem pedir nada em troca. Seus melhores aliados são Libra e Áries.

Peixes, a paz que irradia deste signo é um ímã para atrair amigos. São doces e fiéis, razão pela qual geram uma empatia incomparável. São sinceros e expressam-se com o coração nas mãos, mas exigem que os outros retribuam. Eles precisam estar sozinhos e refletir, então provavelmente não passarão tanto tempo com seus amigos. Seus melhores aliados são Touro e Escorpião.

Os signos do zodíaco e sua relação com o dinheiro.

Todos nós temos uma relação complexa com o dinheiro. Independentemente de virmos de uma família rica ou pobre, ao longo da nossa vida adquirimos certos padrões sobre o dinheiro e embora a grande maioria seja adquirida do nosso ambiente familiar, do ponto de vista astrológico podemos observar como os astros influenciam esta área da nossa vida.

A segunda casa está relacionada com os bens materiais e pessoais, a relação que temos com o dinheiro e pode revelar se somos parcimoniosos, que valor damos às coisas materiais e a nós próprios.

Em geral, podemos resumir:

Áries, o primeiro signo do zodíaco tem muita sorte de ganhar dinheiro, muitos arianos são bem-sucedidos, mas também são impulsivos, imprudentes e ousados. Os arianos não são cautelosos e não calculam riscos, eles entram logo se algo os tenta quando se trata de dinheiro e isso vai contra eles, pois eles podem perder tudo em uma jogada mal executada.

Touro ama a boa vida, eles são trabalhadores e bons administradores, então eles vão evitar ao máximo aqueles gastos que não estão dentro do seu orçamento, porque eles amam a estabilidade econômica. Dão-se uma boa vida, mas dentro dos limites da sua conta bancária. Acima dos outros sinais, eles sabem o que custa ganhar dinheiro.

Para **Gêmeos** , a confiança costuma pregar peças quando se trata de dinheiro. Vão de um extremo a outro, num dia passam como se não houvesse amanhã, mas no outro são mais parcimoniosos do que um religioso com juramento de pobreza. Eles não são previsíveis quando se trata de dinheiro, eles não se importam com isso em detalhes. A sua sociabilidade transforma-os em ímanes para atrair dinheiro.

Os cancros são um signo que requer segurança económica, tem capacidade e habilidade para investir, gosta de acumular dinheiro e pode desenvolver um amor por ele. Não só o usam para sua segurança, mas como um elemento de poder, bem como para proteger aqueles que amam. Os cancerianos são banqueiros e empresários notáveis.

 Leo é seduzido pelo luxo. São competitivos, a área financeira representa uma forma essencial de se destacar. Consomem mais do que têm e compram sem perder os preços. Eles lutam contra qualquer coisa para conseguir dinheiro. Gostam de caro e pomposo, às vezes podem penhorar um pouco, mas não demoram a pagar o que devem, porque o seu ego não permite que sejam marcados como inadimplentes.

A transparência é homóloga a **Virgem,** assim como a prudência em todas as suas operações, o que, transcrito em dinheiro, significa que eles nunca desperdiçarão ou investirão em nada que não seja lucrativo. Eles têm uma capacidade especial de detetar dinheiro, de gerenciá-lo e são mestres em poupar devido à sua capacidade de análise.

As crises de indecisão de **Libra** afetam sua área econômica. A sua tendência para o desequilíbrio também afeta o seu talão de cheques. Graças à sua fluidez, conseguem escapar a situações financeiras desastrosas, inventando os meios para transformar erros em vitórias. Fazem bons negócios graças à sua essência diplomática.

 Os escorpiões precisam de atividade económica para se sentirem vivos, a gestão da sua conta bancária é impossível de decifrar. Os seus recursos são utilizados para o que é importante e necessário. São excelentes geradores e fornecedores de dinheiro, pois são ambiciosos, o que combinado com a sua inteligência é a equação perfeita para a sua paz de espírito material.

Um dos signos mais generosos é **Sagitário**, eles compartilham dinheiro como se estivesse crescendo em árvores. A sua mente e atitude positivas permitem-lhes concluir com sucesso qualquer projeto e gerar grandes recursos económicos. A sorte está sempre do seu lado, assim como o dinheiro. Ele sempre aponta sua flecha para o infinito, é por isso que as melhores oportunidades chovem sobre ele.

O metódico capricorniano gasta cada centavo que gasta é perfeitamente planejado. Extremamente discreto em seus gastos. Por serem tão pessimistas, prevêem inconscientemente os acontecimentos na sua área económica e é muito difícil serem apanhados distraídos nos aspetos financeiros. Valorizam o dinheiro não por ambição, mas pelo esforço que têm de fazer para o adquirir.

Os aquarianos odeiam ter dívidas e não gastam em coisas inúteis. Por vezes, vão da fortuna à adversidade num piscar de olhos, mas por serem tão inteligentes inventam imediatamente uma ideia ou projeto para sair da crise. A maioria dos seus objetivos são altruístas, por isso alocam os seus recursos a outros. Quando querem ganhar dinheiro, fazem-no de forma excelente.

Por ser extremamente distraído, **Peixes** pode facilmente ir à falência. Eles precisam de alguém que os oriente na hora de investir. Sua intuição é uma grande aliada na deteção de oportunidades que podem gerar dinheiro para você. Eles não são treinados para viver sob pressão, então seu ambiente tem que ser calmo para que eles sejam bem-sucedidos.

Espiritualidade e os signos do zodíaco.

A espiritualidade está relacionada com a capacidade de ver além do mundo material, e evidentemente algumas pessoas têm essa virtude mais desenvolvida do que outras. O espiritual, o intangível, aquilo que vai além do terreno, não interessa a todos igualmente.

Evoluir através do autoconhecimento é o nosso propósito neste mundo e uma ferramenta essencial para alcançá-lo é a espiritualidade.

Todos nós temos sentimentos e interesses que vão muito além do físico e trivial, manifestando-se no foco de cada signo do zodíaco na espiritualidade, com alguns sendo mais espirituais e aparentemente outros não.

A posição número um vai para Peixes. É um dos sinais mais espirituais, pois possuem uma conexão incrível com o mundo místico.

Eles têm uma capacidade inerente de se conectar com as emoções dos outros, o que às vezes gera grande melancolia porque eles querem resolver os problemas de cada pessoa que coincide com o seu caminho. Eles são intuitivos, sonhadores e gostam de todas as práticas espirituais.

O cancro está em segundo lugar. Eles são muito fervorosos quando se trata de religião ou práticas espirituais. Sempre indagando para além da razão, ansiando por compreender a sua própria essência e a dos que o rodeiam. Buscando harmonia entre corpo, mente e alma, o caranguejo é um ser totalmente espiritual, é prejudicado pelo que acontece ao seu redor e isso revela em grande medida sua mudança de humor e suscetibilidade.

Os nativos de Escorpião estão em terceiro lugar na lista, enfeitiçados pelo misticismo e sabedoria oriental, eles revelam um sexto sentido que lhes permite prever eventos e decodificar circunstâncias onde outros permanecem no escuro.

Sua aparência arrogante e atitude beligerante nem sempre nos permitem vislumbrá-lo, mas por trás de tudo Escorpião esconde um ser intensamente espiritual, que percebe as pessoas muito além de seu envelope físico e posses.

Aquário, signo de ar, número quatro nesta escala, aprecia cada pessoa que conhece além de seu próprio benefício. A sua natureza revolucionária estende-se também às questões espirituais. Estão sempre à procura de deduções e motivações que vão além do material e do metódico. Eles são muito perspicazes, mas também intuitivos e responsivos. Sua filosofia de vida é exclusiva e eles vivem de acordo com ela, eles estão sempre explorando como incorporar novas experiências espirituais, para eles reside a verdadeira riqueza.

O quinto lugar é compartilhado por Libra e Sagitário. Os libertadores amam o mundo esotérico e adoram a liberdade; Faltam-lhes tabus e fronteiras, o que lhes permite ter uma maior ligação com tudo o que não é tangível, para obterem a paz de espírito que almejam, mergulham nos caminhos luminosos da espiritualidade. Libras evoluídas inconscientemente percebem que devem unir a dualidade humana com a unidade divina.

Os sagitarianos têm uma grande visão do futuro, são considerados o mais profético dos signos porque sentem a necessidade de compreender o sentido da vida. Eles adoram explorar além das fronteiras físicas e psíquicas.

Esta é uma generalidade porque um mapa astral é complexo, existem planetas e aspetos que com os seus diferentes alinhamentos podem dar conclusões diferentes. Netuno, por exemplo, representa o amor universal, os sonhos, o inconsciente, o psíquico, a sensibilidade aos problemas dos outros e os mistérios.

A casa onde Netuno está localizado indicará a maneira como as coisas serão feitas para as pessoas ao nosso redor. É um planeta intuitivo. Por outro lado, Plutão, o planeta do renascimento, em um mapa mostrará a maneira pela qual a pessoa realizará seu crescimento espiritual.

As Férias e os Signos do Zodíaco

As férias proporcionam benefícios a nível físico e mental. As férias demonstraram reduzir os níveis de stress e beneficiar o sistema imunitário. Às vezes, planejar férias causa estresse porque há infinitas opções e decidir se torna uma tarefa quimérica.

Usar astrologia e entender sua personalidade fornece informações sobre o local de férias ideal para você.

Aries, um resort com tudo incluído com atividades desportivas ao ar livre numa localidade acolhedora como Punta Cana, Cancun e as Ilhas Turcas e Caicos seria ideal. A Austrália é um país emocionante que lhe dá uma riqueza de emoções para fazer seu coração disparar.

Touro, uma estadia em um resort de luxo na Ilha Cayman, ou umas férias luxuosas em Dubai, em um hotel que tem todas as comodidades será muito atraente. A Itália é um país perfeito porque lá você encontrará tudo o que sempre sonhou: amor, charme, luxo, comida maravilhosa e vinhos de primeira classe.

Gêmeos adora se sentir intelectualmente engajado. Viagens com excursões guiadas, como um safári na África ou pesquisando as espécies das Ilhas Galápagos, oferecem ao comunicador do zodíaco uma experiência luxuosa.

Câncer, viagens curtas, cercado de familiares e amigos. Disney World, aproveitando as atrações e suas diversas refeições é uma opção. Em Orlando, Flórida, existem vários hotéis e resorts fantásticos, cada um com um tema único e fascinante.

Leo, ficar em um bangalô no mar no Taiti é fantástico para este signo. Outra alternativa de luxo, algo que o leão adora, seria alugar uma ilha tropical privada nas Maldivas, Fiji ou Ilhas Virgens.

Virgem, Itália é a sua melhor opção. Neste país eles vão mantê-lo bem ocupado. Como um signo de terra que você se conecta com o mundo ao seu redor, lugares como La Romana na República Dominicana, Puerto Viejo na Costa Rica e Belo Horizonte no Brasil injetarão vida em você.

Libra está comprometida com cidades que têm museus. As férias tropicais não serão tão satisfatórias para Libra quanto visitar o Louvre em Paris, o Museu da Acrópole em Atenas, na Grécia, o Museu do Prado em Madri, na Espanha, ou a Galeria Uffizi, em Florença, na Itália.

Escorpião, passe alguns dias em uma praia isolada com licores e massagens. Na Grécia, Bali, St. Martin ou Havaí você encontrará todos esses luxos. Visitar locais históricos perto do seu hotel de luxo seria uma combinação extraordinária de férias tropicais e culturais. Mykonos e Roda na Grécia são destinos perfeitos.

Sagitário, explore o Caminho de Santiago, uma rede de caminhos muito diferentes, todos levando à cidade de Santiago de Compostela. Cada caminho tem a sua própria história, património e magia. Sagitário é um viajante que anseia por novas experiências, então na Irlanda você encontrará tudo o que está procurando.

Capricórnio, um signo orientado para o objetivo. Férias onde podem fazer novas relações comerciais. A China seria espetacular. Capricórnio tem um senso de valor histórico que outros signos não têm, por isso países como Israel e Egito, onde a história está, farão você se sentir em casa.

Aquário adora novas ideias, lugares desconhecidos e novos relacionamentos. Um país fantástico para visitar seria o Japão, não só por causa de sua fascinante história e cultura, mas porque cada uma de suas regiões tem algo diferente para oferecer.

Peixes, um signo de água que está feliz com férias tropicais. Um hotel à beira-mar seria ideal. A ilha "La Dique" na República de Seychelles, talvez a praia mais bonita do mundo será um sucesso certo. Peixes, possuindo uma visão calma da vida, sendo regido por Netuno faz dele um pensador criativo. A Suécia é um país que deve visitar, porque lá encontrará uma cultura tão inovadora como é.

Sobre os autores

Além de seus conhecimentos astrológicos, Alina Rubi tem uma formação profissional abundante; Possui certificações em Psicologia, Hipnose, Reiki, Cura Bioenergética de Cristal, Cura Angélica, Tarot, Interpretação de Sonhos e é Instrutora Espiritual. Rubi possui conhecimentos de Gemologia, que ela usa para programar pedras ou minerais em poderosos Amuletos ou Talismãs de proteção.

Rubi tem um carácter prático e orientado para resultados, o que lhe permitiu ter uma visão especial e integradora de vários mundos, facilitando soluções para problemas específicos. Alina escreve os Horóscopos Mensais para o site da Associação Americana de Astrólogos, você pode lê-los no site www.astrologers.com.

Atualmente, ele escreve uma coluna semanal no jornal El Nuevo Herald sobre temas espirituais, publicada todos os domingos em formato digital e às segundas-feiras em papel.

Ele também tem um programa e o Horóscopo semanal no canal do YouTube deste jornal. O seu Anuário Astrológico é publicado todos os anos no jornal "Diario las Américas", sob a coluna Rubi Astrologa.

Rubi escreveu vários artigos sobre astrologia para a publicação mensal "O Astrólogo de Hoje", ministrou aulas de Astrologia, Tarot, Leitura de Mãos, Cura de Cristais e Esoterismo. Tem vídeos semanais sobre temas esotéricos no seu canal do YouTube: Rubi Astrologa. Ela teve seu próprio programa de Astrologia transmitido diariamente através do Flamingo T.V., ela foi entrevistada por vários programas de TV e rádio, e todos os anos seu "Anuário Astrológico" é publicado com o horóscopo signo por signo, e outros tópicos místicos interessantes.

É autora dos livros "Arroz e feijão para a alma" Parte I, II e III, uma compilação de artigos esotéricos, publicados em inglês, espanhol, francês, italiano e português. "Dinheiro para Todos os Bolsos", "Amor para Todos os Corações", "Saúde para Todos os Corpos", Anuário Astrológico 2021, Horóscopo 2022, Rituais e Feitiços para o Sucesso em 2022, Feitiços e Segredos, Aulas de Astrologia, Aulas de Tarot, Aulas de Esoterismo, Amor e Compatibilidade dos Signos do Zodíaco, Rituais e Amuletos 2023 e Horóscopo Chinês 2023, todos disponíveis em cinco idiomas: Inglês, italiano, francês, japonês e alemão.

Rubi fala inglês e espanhol perfeitamente, combinando todos os seus talentos e conhecimentos nas suas leituras. Atualmente reside em Miami, Flórida.

Para mais informações, visite: **www.esoterismomagia.com**

Bibliografia

Foram utilizados artigos publicados por um dos autores no El Nuevo Herald.

www.ingramcontent.com/pod-product-compliance
Lightning Source LLC
Chambersburg PA
CBHW060606120726
48002CB00010B/2840